LE MONDE PERDU :

JURASSIC PARK

Novélisation junior

Une novélisation junior de Gail Herman
D'après le scénario de David Koepp
D'après le roman
Le monde perdu de Michael Crichton

LE MONDE PERDU :
JURASSIC PARK

Novélisation junior

Traduit de l'américain par
Jean-Claude Mallé

POCKET

Titre original :

The Lost World : Jurassic Park ™

Novélisation junior

Loi n° 49-956 du 16 juillet 1949 sur les publications destinées à la jeunesse : octobre 1997.

ISBN : 2-266-07936-0

PROLOGUE

Site B : une île, quelque part sur la côte de l'Amérique du Sud.

Sur la plage caressée par les vagues, un soleil de plomb faisait étinceler le sable.

Au-delà commençait la jungle, sombre et mystérieuse.

Un oiseau traversa le ciel bleu et poussa un cri aigu.

Puis le silence retomba.

Il n'y avait pas l'ombre d'un signe de vie sur l'île quand le yacht jeta l'ancre.

Un canot s'en détacha et conduisit sur la rive une famille de trois personnes.

Les parents débarquèrent, suivis de leur petite fille. Tout était si tranquille... Si paisible...

Un endroit idéal pour un pique-nique.

Cathy se promena sur la plage pendant que son père et sa mère se doraient au soleil. Suivant le contour circulaire de la côte, elle disparut vite de leur champ de vision.

La fillette donna un coup de pied dans un caillou, qui atterrit à la lisière de la jungle.

Il y eut un bruissement de feuilles.

Puis tout se tut de nouveau.

Curieuse, Cathy s'approcha des arbres. Qui avait dérangé les arbustes? Quelqu'un se cachait-il dans la végétation?

Quelqu'un ou *quelque chose* ?

La petite fille mit une main devant ses yeux pour les protéger du soleil.

Le bruit recommença. À peine plus fort qu'un sifflement...

Soudain, un petit animal semblable à un lézard émergea des broussailles.

Cathy écarquilla les yeux. Jamais elle n'avait vu pareille bête.

Le « lézard » se tenait sur les pattes arrière, sa grosse queue lui servant à maintenir son équilibre. Sur son corps vert bouteille strié de rayures marron, sa tête se balançait de gauche à droite comme celle d'un poulet.

L'animal fit un pas vers Cathy.

Elle se pencha et le regarda dans les yeux.

– Qui es-tu donc? demanda-t-elle. Un petit oiseau tombé du nid?

Elle sortit un sandwich de sa poche.

– Tu veux manger un morceau? proposa-t-elle.

L'animal tendit le cou. Ouvrant la gueule, il engloutit la moitié du sandwich à la viande.

Cathy sourit de bon cœur.

– Papa, maman, venez voir! cria-t-elle en tournant la tête. Ça vaut la peine...

Puis elle regarda devant elle... et poussa un petit cri. Une trentaine de créatures avaient rejoint la première.

Toutes balançaient la tête de droite à gauche.

Et toutes regardaient Cathy.

Sur le visage de la fillette, le sourire s'évanouit.

Les lézards avaient formé un cercle. Ils la cernaient.

– Hum... Que vou-voulez-vous donc, les petits? balbutia Cathy.

Un cri de terreur déchira le silence.

Laissant tomber son livre, le père de Cathy se leva, aussitôt imité par sa femme.

– Que se passe-t-il?

Les deux parents s'élancèrent sur la plage. Non loin de là, des piaillements étranges retentirent, suivis par d'autres cris...

Affolés, le père et la mère coururent à perdre haleine. Bientôt, ils aperçurent leur fille... et les curieux petits animaux.

Ils se figèrent, comme pétrifiés...

CHAPITRE PREMIER

Plusieurs hommes d'affaires siégeaient autour d'une longue table. Assis à une extrémité, Peter Ludlow tapait nerveusement du pied.

Ludlow dirigeait InGen Corporation avec son oncle, John Hammond. Des centaines de collaborateurs travaillaient sous ses ordres, mais il devait quand même rendre des comptes à quelqu'un. À ces hommes d'affaires, justement, qui constituaient le directoire de l'entreprise *et* contrôlaient ses finances.

Pour Peter Ludlow, l'argent était tout ce qui comptait au monde...

– Messieurs, je vous remercie d'être venus si vite, dit-il en guise d'introduction.

Il ouvrit un classeur et en tira un jeu de photographies en noir et blanc qu'il éparpilla sur la table.

Horrifiés, les membres du directoire fermèrent les yeux.

– Ces clichés ont été pris il y a quarante-huit heures dans un hôpital du Costa Rica, en Amérique du Sud. Une famille en croisière a cru bon de débarquer sur le Site B... (Il marqua une courte pause.) La fillette s'en sortira, mais ses parents sont fous de rage. Messieurs, ces gens sont riches et ils veulent nous poursuivre en justice. Comme vous vous en doutez, il faudra beaucoup d'argent pour les en dissuader.

Ludlow soupira. InGen Corporation avait déjà dépensé des millions de dollars en dommages et intérêts. Homicides involontaires, blessures graves... tout y était passé.

Le responsable ? Son oncle, John Hammond, et... Jurassic Park.

L'affaire remontait à quatre ans. John avait voulu ouvrir un parc à thèmes. Un paysage préhistorique, avec des dinosaures tout ce qu'il y avait de plus vivants.

Jurassic Park se trouvait sur une île du Costa Rica, non loin du Site B. Hélas, l'aventure avait tourné à la catastrophe. Il y avait eu des blessés... et des morts.

Mais ça n'était pas pour rien..., songea Ludlow. *On peut toujours gagner de l'argent avec ce concept...*

– Cette folie doit cesser ! dit-il aux hommes d'affaires. Nous avons eu assez de procès ! Depuis des années, les actions de la société sont en chute libre. Pourtant, nous avons *le* produit qui nous permettrait de redresser la barre et d'engranger des bénéfices inouïs !

« Messieurs, John Hammond ne veut pas toucher au Site B. Il désire que la nature suive son cours sans intervention humaine. Mais je ne travaille pas pour la nature, que je sache. Non, je travaille pour *vous* ! À ce titre, je pense que mon oncle n'a plus rien à faire à la tête de cette entreprise. Que tous ceux qui m'approuvent lèvent la main...

Tous les bras se tendirent.

Le lendemain, à New York, le docteur Ian Malcolm attendait une rame de métro. Grand, mince et tout de noir vêtu, il dépassait d'une bonne tête au moins les autres voyageurs présents dans la station.

Peu désireux qu'on le reconnaisse, il tenta de se faire plus petit.

En vain. Un homme approcha.

– C'est vous, déclara-t-il, sûr de son fait. Le scientifique qui parlait à la télé. Ouais, au sujet des dinosaures vivants...

Ian ignora l'importun, qui ne se découragea pas pour autant.

– Grrr ! rugit-il. C'est bien comme ça qu'ils crient, non ?

Ian ferma les yeux. Il était fatigué de ces

gens et plus encore de leur expliquer ce qui s'était vraiment produit à Jurassic Park. Surtout avec les calomnies d'InGen Corporation, qui cherchait à le faire passer coûte que coûte pour un cinglé.

Partout où il allait, les badauds le harcelaient. Mais ils ne le croyaient jamais...

À présent, John Hammond désirait le voir. Quand pourrait-il enfin *oublier* cette maudite histoire ?

Ian entra dans un wagon.

Quelques minutes plus tard, il sonnait à la porte de la maison de Hammond. Très stylé, un majordome le fit entrer et le guida jusqu'à la chambre du millionnaire.

Hammond était au lit. Des tubes reliaient ses bras aux appareils médicaux rangés le long d'un mur.

Il semblait plus vieux et plus fragile que dans le souvenir de Ian.

– Je suis content de vous voir, dit-il avec un sourire.

Ian le lui rendit. Comment aurait-il pu faire autrement ? Le vieil homme était si malade qu'on ne pouvait plus lui en vouloir.

– John, pourquoi vouliez-vous me voir ? Selon votre message, c'était de la première importance...

– Je voulais m'excuser... Vous aviez raison à propos de Jurassic Park. Et moi... je me trompais...

Ian hocha la tête. Il s'était opposé au projet dès le début.

– Au lieu d'observer les animaux, continua Hammond, j'ai essayé de les contrôler. J'ai voulu les garder en cage... Ainsi, nous ne savons rien d'eux et de leur comportement à l'état sauvage. (Il se tut un instant.) Grâce à Dieu, nous avons le Site B.

– Le Site B ? répéta Ian.

Hammond acquiesça.

– Jurassic Park visait les touristes. C'était une vitrine, rien de plus. Nous avions introduit les animaux sur une autre île. Le Site B. Jurassic Park a été rasé, mais le Site B existe toujours...

Une autre île peuplée de dinosaures ? Des images de cauchemar revinrent à la mémoire de Ian. Des tyrannosaures écrasant les véhicules. Arrachant les jambes des gens... Des vélociraptors assoiffés de sang, toutes griffes dehors...

– Hélas, un ouragan a balayé notre labo du Site B, reprit Hammond. Nous avons dû abandonner l'île et laisser les animaux vivre comme ils l'entendent. Libres de grandir et de se reproduire...

– Bon sang, non !..., gémit Ian.

– Aujourd'hui, des dizaines d'espèces

vivent ensemble. En un sens, elles « gèrent » leur petit monde. Je me bats pour que les choses restent ainsi, sans interférence humaine.

– Une fois dans votre vie, vous aurez agi comme il faut ! s'exclama Ian. Vous avez raison : cette île doit être isolée...

Hammond se leva avec peine. Il marcha jusqu'à son bureau et tira un classeur jaune d'une pile de documents.

– En réalité, je vais envoyer des chercheurs là-bas, pour qu'ils étudient les dinosaures. Ils nous ramèneront des éléments sur les « fossiles » les plus extraordinaires que le monde ait connus.

– Non ! cria Ian. Vous ne pouvez pas lâcher des gens sur cette île ! N'avez-vous donc rien appris ?

En quelques mots, Hammond expliqua à Ian que Peter Ludlow avait pris la direction d'InGen. Ayant suivi la réunion du directoire sur un écran, dans sa chambre, le vieil homme avait découvert le plan de son neveu : arracher les animaux à leur environnement...

– J'ai besoin de soutien, déclara Hammond. Des gens doivent lutter avec moi afin que l'île reste comme elle est. Pour ça, il nous faut des *preuves* ! Des photos et des vidéos montrant les animaux en liberté...

– Décidément, vous êtes malade ! lança Ian. Quels dingues vont faire ce boulot pour vous ?

Hammond ne se fit pas prier pour répondre.

– Nick van Owen, un expert de la vidéo. Eddie Carr, un spécialiste de l'équipement adapté à ce genre de terrain. (Il prit une grande inspiration.) Nous avons aussi un paléontologue. Un crack en matière de comportement animal. J'espérais que vous accepteriez de faire le quatrième...

– Moi ? s'étrangla Ian. Vous rêvez ? Je n'irai pas ! Et je ferai mon possible pour dissuader les trois autres de partir.

Il tendit une main vers le classeur.

– Comment s'appelle le paléontologue ?

L'air coupable, Hammond évita le regard de son interlocuteur.

– *La* paléontologue. Elle s'est proposée, Ian. C'est la meilleure dans son domaine. Son travail sur les dinosaures...

Le cœur de Ian fit un bond dans sa poitrine.

– Pas Sarah ! cria-t-il. Vous ne l'enverrez pas dans cet enfer !

– Eh bien... Je crains qu'il ne soit trop tard. Elle y est déjà, mon ami. Elle tenait à faire seule une première visite de repérage...

Ian marcha en rond dans la pièce, puis il prit sa décision.

– Il ne s'agit plus d'une expédition de recherches, mais d'une mission de secours ! Départ ce soir même ! Et faites-moi confiance pour être là !

En Afrique Centrale, à l'autre bout du monde, dans un café, Roland Tembo lisait un livre. Avec l'âge, son regard avait pris la dureté de celui d'un chasseur de gros gibier.

Sans crier gare, il s'arrêta de lire et huma l'air.

– Ajay ? C'est toi ? demanda-t-il.

Un homme mince se montra.

– Comment as-tu deviné ? s'enquit-il, surpris.

Roland se tapota le nez.

– La lotion après-rasage à trois sous que je t'ai envoyée pour Noël. (Il désigna une chaise.) Assieds-toi. Quel bon vent t'amène ?

– Un appel au sujet d'une expédition, dans une île du Costa Rica.

Roland soupira. Il était fatigué de chasser, même avec son vieil ami. Ils formaient une équipe trop redoutable. Où était le sport là-dedans ?

– Quelle proie pourrait encore m'intéresser ? demanda-t-il.

Ajay se contenta de sourire.

CHAPITRE II

La nuit était tombée depuis longtemps. Pourtant, dans une rue déserte, un grand entrepôt bourdonnait toujours d'activité. Des ouvriers s'affairaient autour de véhicules TA-TT : Toute Activité-Tout Terrain.

Ils contrôlaient les moteurs et s'assuraient de la résistance des carrosseries.

Eddie Carr regardait une structure de métal s'élever dans les airs. C'était une plate-forme d'observation, une cachette élevée d'où ils pourraient regarder les animaux.

Le spécialiste de l'équipement hocha la tête.

– C'est la bonne hauteur, dit Ian. Exactement celle qu'il faut... pour se faire bouffer.

Il éteignit le téléphone relié à un satellite avec lequel il avait essayé de joindre Sarah sur l'île.

Sans succès, jusque-là...

– Ce fichu truc ne marche pas, dit-il, secouant l'appareil pour se défouler. Où est le problème ?

Eddie lâcha un soupir.

– Qui peut le dire ? Il n'a pas encore été testé sur le terrain. Comme le reste de l'équipement, d'ailleurs. Je pensais que nous aurions plus de temps. Mais vous nous bousculez, Doc...

Les bousculer ? Alors que Sarah risquait sa vie ? Ian n'en croyait pas ses oreilles...

Ne daignant pas répondre à Eddie, il se tourna vers Nick van Owen.

– Quelle expérience avez-vous ? demanda-t-il au jeune homme, qui s'occupait du matériel vidéo.

– La brousse. Le baroud. Appelez ça comme vous voulez... J'ai aussi travaillé à l'œil pour la grande cause de l'environnement. Mais ce coup-ci, je suis là pour le fric. M. Hammond m'en a donné un beau paquet pour participer à cette chasse au fossile...

Nick plaisantait, comme s'il ne croyait pas à l'existence des dinosaures, ou au danger qu'ils représentaient. Ian s'apprêtait à lui faire un cours magistral sur le sujet quand une voix l'interrompit.

– Salut, papa !

Kelly Malcolm, douze ans, examinait l'entrepôt avec une grande curiosité. Elle avait la peau noire de sa mère, une Afro-Américaine, et les yeux vifs et brillants de Ian.

Son regard croisa celui de son père. Elle savait pourquoi il lui avait demandé de venir. Une fois encore, il s'en allait. Et il voulait lui dire au revoir.

Depuis la séparation de ses parents, Kelly faisait la navette entre les deux. Parfois, elle avait l'impression d'être devenue pour eux un bagage excédentaire.

Inutile de tourner autour du pot, songea-t-elle tandis que Ian la conduisait à l'écart pour qu'ils parlent en privé.

– Papa, vais-je encore devoir rester avec une baby-sitter ? Sarah pourrait me garder, non ?

– Sarah est... (Il s'interrompit, ne sachant trop que dire.) Désolé, mais ce sera la baby-sitter. Pour quelques jours...

– Je pourrais venir avec toi, proposa Kelly, pleine d'espoir. Je serais ton assistante, comme à Austin.

– Cette histoire n'a aucun rapport avec Austin, dit Ian.

– Tu aimes avoir des enfants, déclara Kelly, mais rester avec eux t'ennuie...

Elle soupira.

Ian s'empourpra.

– Minute ! ça n'est pas moi qui ai fichu

le camp pour partir à Paris. Alors ne me mets pas tout sur le dos !

Aussitôt qu'il les eut dites, Ian regretta ses paroles. Entendre médire ainsi de sa mère blessait la petite... autant que ça le blessait, lui.

– Docteur Malcolm ! cria Eddie à travers l'entrepôt. Vous êtes prêt ?

Ian se pencha vers sa fille.

– Je suis navré, Kelly. Oublie ce que j'ai dit. À présent, il faut que j'y aille. Seul ! (Il l'embrassa sur la joue.) Je t'adore !

Kelly le regarda se diriger vers Eddie et Nick. Il était temps qu'elle parte...

Alors elle remarqua les deux grandes caravanes reliées par un tunnel en accordéon, comme des wagons de métro.

Papa va voyager là-dedans, songea Kelly.

Elle fit le tour des véhicules et jeta un coup d'œil à travers les vitres. Il y avait des ordinateurs partout, ainsi que du matériel de laboratoire. Sur une cloison était fixée une grande carte de l'océan Pacifique. Un cercle à l'encre noire entourait un archipel.

Kelly regarda autour d'elle pour s'assurer que personne ne l'avait remarquée. Puis elle ouvrit la porte de la caravane et se glissa à l'intérieur.

Le lendemain matin, à l'aube, Ian était accoudé au bastingage d'une grande barge. Chargé d'équipements et de vivres, le navire tanguait beaucoup.

La bruine tombait sur le visage de Ian et les vagues martelaient la coque. Eddie était un peu plus loin, le teint verdâtre.

– Nous n'aurions pas pu prendre un hélicoptère ? grogna-t-il.

– Impossible, répondit Ian. Le bruit du rotor aurait perturbé les animaux. Si Sarah a des ennuis, je ne tiens pas à aggraver les choses.

À ce moment, une forme massive se découpa à travers le brouillard. Le Site B était devant eux. Sarah s'y trouvait, mais où ?

Je suis sûr que tout va bien ! se dit Ian. *Il le faut !*

Nick s'approcha de lui. Pour la première fois, il avait l'air concerné par cette histoire.

– Le capitaine dit qu'il nous débarquera sur la plage. Puis il s'éloignera. Il veut mouiller au large. Bien entendu, on pourra l'appeler par radio. Mais il refuse de traîner dans le coin. Il a entendu trop d'histoires.

– Des histoires ? répéta Ian.

– Sur des pêcheurs, oui... Des imprudents qui se sont trop approchés de l'île. Et qu'on n'a jamais revus.

CHAPITRE III

Quelques heures plus tard, la caravane roulait sur une plaine verdoyante, non loin de la côte de l'île.

Ian jeta un coup d'œil à travers une vitre. Une vallée s'ouvrait devant eux, flanquée par la jungle.

– On déteste les barrières... jusqu'à ce qu'elles aient disparu, murmura-t-il, se souvenant de Jurassic Park.

Sur le toit de la caravane, une parabole s'ouvrit avec un bourdonnement.

– Un radar, expliqua Eddie. (Il alluma un écran témoin portable.) Nous allons avoir une carte électronique de l'île.

Ian regarda le petit écran se couvrir de lignes et de taches colorées. Un X rouge apparut dans un coin.

– C'est nous ! annonça Eddie. J'ai équipé d'une balise le téléphone de Sarah. Nous devrions avoir un écho...

Un triangle rouge s'afficha, très près du X. Eddie sourit de toutes ses dents.

– Vous voyez, Doc ? Votre dulcinée se porte à merveille...

– Son *téléphone*, en tout cas ! railla Ian. Quel soulagement pour moi ! Vous avez de quoi vous défendre ?

Eddie hocha la tête et s'empara d'une arme.

– C'est le fusil à projectiles anesthésiants le plus perfectionné du monde ! se rengorgea-t-il.

– Alors, allons-y ! Dès qu'on aura trouvé Sarah, on fichera le camp d'ici !

Nick regarda son caméscope.

– Parlez pour vous, Doc ! (Il se fourra un chewing-gum dans la bouche.) John Hammond m'a payé pour que je prenne des images et il en aura pour son argent !

Les trois hommes suivaient un sentier qui s'enfonçait dans la jungle. Les frondaisons et les lianes arrêtaient quasiment la lumière du soleil. Ian jeta un coup d'œil sur l'écran portable. Le X se rapprochait du triangle.

Ian accéléra le pas.

Ils sortirent de la jungle pour se retrouver dans le lit asséché d'une rivière. Ian regarda de nouveau l'écran.

Le X se superposait au triangle.

Mais Sarah n'était nulle part...

Ian sonda les environs.

– Elle devrait être là, dit-il.

– Par ici ! cria Nick, désignant un sac à dos qui gisait sur le sol.

Il le ramassa.

– Non ! hurla Ian.

Le sac était tout froissé et couvert de poussière.

Ian l'ouvrit et en sortit le téléphone de Sarah.

– Elle doit être dans le coin ! lança Nick en mettant le sac en bandoulière sur son épaule. Il faut s'éloigner les uns des autres. Nous couvrirons plus de terrain.

– Pas question ! dit Ian. On reste ensemble. Si les prédateurs s'aperçoivent que notre groupe s'est disloqué, ils en tireront parti.

– Mais..., commença Nick, résolu à protester.

Il se tut et pivota sur lui-même. Cet arbre ne venait-il pas de bouger ?

Non, décida-t-il. Ça n'était rien. Ou peut-être le vent...

– Je prends le flanc droit, continua-t-il. Eddie, tu...

Des bruissements le forcèrent au silence. Il n'y avait pas un souffle de vent. Les arbres bougeaient bel et bien.

Quelque chose les épiait.

Ian fit signe à ses compagnons de ne plus parler. Eddie leva son arme. Nick alluma son caméscope.

Une masse vert-gris passa derrière les arbres, à quelques pas d'eux. Les trois hommes sursautèrent.

– C'était quoi ? demanda Ian.

– Quelque chose de gros, souffla Eddie.

– Gros comment ?

– Assez pour qu'on s'inquiète...

Parmi les arbres, ils distinguèrent des plaques brillantes – une sorte d'armure naturelle.

Nick plissa les yeux pour mieux voir et poussa un petit cri.

C'était un stégosaure !

En se déplaçant, la bête fouettait la végétation avec sa queue hérissée de piques.

Un deuxième stégosaure, beaucoup plus petit, trottinait derrière le premier.

Un troisième animal, gigantesque, fermait la marche.

Ils étaient tombés sur une famille de stégosaures ! Malgré lui, Eddie éclata de rire en voyant ces géants cheminer d'une allure pataude.

Ian lui plaqua une main sur la bouche. Puis il écarta un mince rideau de feuilles.

Dans une vaste clairière, un troupeau de

stégosaures avançait. Il y en avait de tous les âges et de toutes les tailles.

Nick braqua son caméscope.

Ian examina la clairière. Toujours aucun signe de Sarah...

Une minute ! Il venait d'apercevoir une silhouette, accroupie derrière un rocher.

Oui, c'était bien Sarah ! Vêtue d'une tenue de camouflage, elle noircissait son carnet de notes.

Soudain elle leva les yeux, tourna la tête, aperçut les trois hommes...

...Et les salua joyeusement.

– Elle a du cran ! souffla Nick.

– Elle est cinglée, oui ! s'étrangla Ian.

Un grand sourire aux lèvres, Sarah courut vers eux.

– Ian ! s'exclama-t-elle, haletante. Je suis si contente de te voir ! (Elle se retourna vers les animaux.) Tu te rends compte ? Un troupeau ! Des bébés avec leurs parents ! J'ai vu des nids... et même des œufs !

Ian la prit par un bras pour l'interrompre.

– Tu vas bien ? Ils t'ont attaquée ?

– Pourquoi cette question ?

Il lui montra le sac à dos en piteux état.

– Oh ! Il a toujours cet air-là. C'est mon porte-bonheur, je l'ai depuis si longtemps...

Elle lorgna un des caméscopes de Nick.

– Vous me le prêtez ? Hier j'ai laissé tomber le mien dans l'eau...

Elle prit l'appareil et s'en retourna derrière son rocher. Puis elle approcha du bébé stégosaure et commença à filmer.

Nick sourit à Ian.

– On la sauve maintenant, ou on déjeune d'abord ?

Un bruit caractéristique se fit entendre. La bande était arrivée au bout et la cassette se rembobinait.

Dérangés, les stégosaures sursautèrent. Le plus grand chargea Sarah, sa peau blindée brillant au soleil.

En silence, la jeune femme battit en retraite.

– Sarah ! appela Ian.

Le dinosaure changea de cible. Il se rua vers le docteur, sa queue cinglant l'air.

Le redoutable appendice frôla Sarah, qui s'écarta de justesse.

L'animal se tourna de nouveau vers la paléontologue. Il leva sa queue, prêt à frapper.

Sarah se réfugia dans un tronc creux. À l'abri, pensait-elle.

Les piques de la queue du monstre traversèrent le bois, s'arrêtant à quelques centimètres du visage de la scientifique.

Pendant que le stégosaure tentait de libérer son appendice caudal, la jeune femme sortit du tronc.

L'animal avait perdu tout intérêt pour sa proie. Dès qu'il se fut dégagé, il alla rejoindre ses compagnons, dans la jungle.

En un éclair, le troupeau disparut.

Ian, Eddie et Nick se précipitèrent vers Sarah.

– C'est génial, non ? s'écria-t-elle.

Ian fronça les sourcils et secoua la tête.

CHAPITRE IV

Sarah suivit les trois hommes jusqu'aux caravanes.

Nick tapota fièrement son caméscope.

– Ce seront des images extraordinaires, déclara-t-il.

– Super ! s'exclama Eddie, qui n'en avait pas grand-chose à faire.

Plus loin devant, Ian disait à Sarah ce qu'il avait sur le cœur.

– Pourquoi ne m'as-tu pas dit que tu partais ? demanda-t-il.

– Parce que tu aurais essayé de m'en empêcher... Tu t'inquiètes trop. Tu as eu la chance de voir ces animaux. À présent, c'est mon tour. Je veux savoir comment ils élèvent leurs petits. Je suis sûre que les tyrannosaures sont des parents aimants, pas les lézards vicieux qu'on prétend... D'ailleurs, n'oublie pas que je sais ce que je fais. Je m'occupe de prédateurs depuis des années.

Ils restent toujours sur leur territoire de chasse. Si nous demeurons à l'écart de leurs pistes, ils ne nous feront aucun ennui. Tout va bien se passer, tu verras...

Furieux, Ian fit de grands moulinets avec ses bras.

– Allons, Sarah, sois sérieuse ! Les dinosaures iront où il y a de la nourriture. Ils ont des jambes, tu sais !

Sarah s'empourpra. De quel droit la traitait-il comme une gamine ?

– Que viens-tu faire ici ? demanda-t-elle, agressive. C'est la première fois que tu me suis comme ça...

– Pardon ? L'homme qui t'aime parcourt des milliers de kilomètres pour t'aider et tu veux déclencher un pugilat ?

L'expression de Sarah s'adoucit.

– Parce que tu m'aimes ?

– Tu ne t'en doutais pas ? murmura Ian. Écoute-moi, je t'en prie... Tu as vu des dinosaures avec leurs petits. Tu as des images pour le prouver. Alors fichons le camp d'ici !

Sarah secoua la tête. Avant qu'elle puisse répondre, Nick s'interposa entre eux. Une colonne de fumée montait dans le ciel.

– Au feu ! cria l'expert en vidéo.

Les quatre explorateurs traversèrent la jungle, fendant la végétation pour se retrouver sur la plaine d'où ils étaient partis.

Devant la caravane brûlait un petit feu de camp.

– Il faut l'éteindre ! dit Sarah. Les dinosaures sentent les odeurs à des kilomètres de distance. Certaines peuvent les décider à charger...

Nick s'empara d'une cruche d'eau.

Sarah le retint par le bras.

– Pas comme ça ! dit-elle. L'eau fera encore plus de fumée. De la poussière ! Utilisez de la poussière !

Ils labourèrent le sol avec leurs chaussures, projetant de la terre sur les flammes, qui ne résistèrent pas longtemps.

– Qui a allumé ce feu ? rugit Ian.

– C'était juste pour faire à manger, dit une petite voix derrière lui.

Ian se retourna et découvrit Kelly, debout devant la porte d'une des caravanes.

– Je voulais que ce soit prêt pour votre retour...

Tous la regardèrent, stupéfaits. Ian tenta de saisir la situation. Sa fille s'était cachée dans la caravane durant le voyage. À présent, elle était avec lui sur cette île de malheur où rôdait le danger.

Kelly leva les yeux vers son père.

– C'est toi qui m'as donné l'idée... Tu m'as dit d'oublier tes paroles... J'ai cru que c'était une sorte de message... une invitation...

– Kelly, tu n’as pas idée de ce qui se passe ici...

– Tu te trompes, papa... Je sais tout. Peut-être que les autres ne te croient pas, au sujet de Jurassic Park, mais moi, je n’ai jamais douté de ta parole.

Sarah prit la gamine dans ses bras. Ian sortit son téléphone et pianota sur les touches pour appeler la barge. Il fallait que les marins viennent chercher sa fille, et vite !

Il n’obtint pas la communication.

– Ce truc ne marche-t-il donc jamais ? cria-t-il à Eddie.

– Du calme, ça n’est pas un téléphone banal. Il faut attendre d’avoir un signal convenable...

Ian prit Kelly par la main et se dirigea vers la caravane, décidé à essayer la radio.

– Je vais sortir ma fille de cet enfer, lâcha-t-il par-dessus son épaule. Quelqu’un vient avec moi ?

Sarah le regarda un moment, puis elle se tourna vers Eddie. Que Ian passe son temps à s’inquiéter, si ça l’amusait. Elle avait du travail...

– Eddie, il y a par là un bon emplacement pour la plate-forme d’observation. (Elle désigna un point, à la lisière de la jungle.) Ces plantes sont empoisonnées. Ça tiendra les dinosaures à l’écart. Quelle est la hauteur de ce dispositif ?

– Quatre mètres cinquante, répondit Eddie.

Sarah blêmit.

– Je crois que je resterai en bas, dit-elle. Je déteste l'altitude. À un mètre du sol, ma tête commence à tourner...

Elle mit son sac sur ses épaules.

– Eddie et Nick, écoutez-moi bien. Quand nous serons dans la jungle, il ne faudra pas dégager d'odeur. Pas d'insecticide, ni de parfum. Nous sommes là pour observer, rien de plus. Si nous déplaçons une touffe d'herbe, eh bien, nous devrons la remettre où elle était, et...

Un bourdonnement résonna soudain. Il devint plus fort, puis un « boum » sonore retentit dans le ciel.

Sarah, Eddie et Nick levèrent les yeux. Ian passa la tête par la porte de la caravane.

Trois gros hélicoptères tournaient autour du camp.

– Il y a écrit « InGen » sur leurs flancs ! cria Eddie tandis que les appareils repartaient. Pourquoi Hammond aurait-il envoyé deux équipes ?

Ian saisit des jumelles. Dans une clairière, au loin, se dressait le QG des nouveaux venus. Des ouvriers s'affairaient, déchargeant de grandes cages. Ian vit des jeeps, des armes, des camions...

Ces gens n'étaient pas des explorateurs, mais des chasseurs. Des chasseurs de *très* gros gibier.

– Ce n'est pas Hammond qui les envoie, dit Ian. Le responsable est là.

Il désigna une silhouette minuscule, debout dans le camp.

Avec ses jumelles, il reconnaissait très bien Peter Ludlow.

CHAPITRE V

Le crépuscule tombait sur la jungle. Dans la plaine, un troupeau de dinosaures paissait.

Bientôt, cette quiétude ne fut plus qu'un souvenir. Des camions sortirent du camp, moteurs vrombissant.

Les chasseurs braillaient des ordres.

Puis les véhicules foncèrent dans la plaine et se lancèrent à la poursuite des dinosaures, qui avaient détalé sans demander leur reste.

Un gros camion s'immobilisa sur la piste.

– C'est l'endroit idéal pour installer notre poste de commande, dit Ludlow dans un talkie-walkie. Terminé.

Vêtu d'un luxueux costume de safari, il était assis sur le siège arrière du véhicule.

– Annulez cet ordre! cria une voix devant lui. (Roland Tembo se retourna.)

C'est une piste de chasse, monsieur Ludlow. Les carnivores se nourrissent là. Vous voulez vraiment avoir votre PC dans un garde-manger ?

Ludlow rougit.

– Trouvez un autre endroit, dit-il dans la radio.

Tembo se pencha un peu plus vers l'homme d'affaires.

– N'oubliez pas que *je* dirige cette expédition ! Votre boulot, c'est de signer les chèques. Mais je ne veux pas un sou. Non, ce qui m'intéresse, c'est de pouvoir chasser un tyrannosaure.

– Pas de problème..., souffla Ludlow.

Souriant, Roland se mit debout sur son siège et se hissa sur le toit du camion. De là, il pouvait surveiller les opérations.

À voir courir le troupeau d'herbivores, le chasseur sentit son pouls s'accélérer. Il fit un signe au camion qui roulait derrière eux. C'était un véhicule spécial, conçu pour capturer de grands animaux sans leur faire de mal.

Un autre chasseur, Dieter Stark, était assis sur le siège du passager. Il tenait une longue perche munie d'un collet.

– Plus vite ! cria-t-il à Carter, le chauffeur.

– Rabatteur, dit Roland dans son talkie-walkie, sépare un animal du troupeau. Stark, prépare-toi ! Nous allons attraper un pacha... (Il tenta de se souvenir du nom de l'animal.) Un pachyse... enfin, un gros truc avec sa grande tête à demi chauve...

Une moto remonta le troupeau de dinosaures et entreprit de lui barrer la route.

Dans la jungle, sur la gauche, deux énormes têtes se levèrent, alarmées. C'étaient des apatosaures. Dérangés, ils vinrent eux aussi se placer sur la trajectoire des herbivores.

Les pachycéphalosaures ne changèrent pas de direction. Sans ralentir, ils passèrent sous les jambes des mastodontes.

Le motard parvint à les suivre, non sans se livrer à quelques acrobaties. Enfin, il put isoler un petit pachycéphalosaure. Un jeune, à l'évidence.

Le camion s'arrêta. Un chasseur se tenait en équilibre à l'arrière, près d'un dispositif qui ressemblait à une paire de ciseaux géants rembourrés.

Le chasseur épaula son fusil et tira. Un projectile anesthésiant fendit l'air et s'enfonça dans le cou du dinosaure.

Alors Dieter Stark utilisa son collet pour hisser la bête dans le camion. De loin, on eût dit un pêcheur à la ligne.

Les ciseaux géants se refermèrent, maintenant la bête en place. Puis le camion repartit et déposa le dinosaure dans une cage, non loin de là.

– Fascinant ! lança le docteur Robert Burke, une des paléontologues de Ludlow. Un pachycéphalosaure, en chair et en os.

Dieter Stark sourit.

– On vous amènera bientôt le prochain ! dit-il. En route, les gars !

Au sommet d'une colline, pas très loin de là, Ian et ses compagnons avaient observé la scène.

– Ils ne doivent pas savoir..., murmura Sarah.

– Savoir quoi ? demanda Ian.

– Ils pensent être sur le territoire d'un troupeau d'herbivores. Mais c'est un terrain de chasse. (Elle se tut un moment.) Mortellement dangereux.

Une heure plus tard, les chasseurs firent une pause.

Assoiffé, Stark s'empara d'une gourde et but. De l'eau coula le long de son menton, faisant une sorte de mare minuscule à ses pieds.

Une étrange petite créature sauta à côté des bottes du chasseur. On aurait dit un croisement entre un oiseau et un reptile.

C'était un de ses semblables que Cathy

avait découvert sur la plage. Pour l'heure, celui-là lapait l'eau.

– Un compsognathus ! s'écria Burke, qui se trouvait avec les chasseurs.

– Il est dangereux ? demanda Stark.

– Je ne crois pas... Les compsognathus sont des charognards. Ils mangent les cadavres ou les animaux blessés. N'ayant jamais vu d'humain, celui-là n'a aucune raison d'avoir peur de nous.

Stark s'empara d'un long bâton métallique. Il toucha l'animal avec et une étincelle bleue jaillit. Le choc projeta le compsognathus jusque dans les broussailles.

– Désormais, il en aura une, lâcha Stark, hilare.

À une centaine de mètres de là, Roland étudiait une empreinte gigantesque. La patte ne comptait que trois orteils.

Elle ne pouvait appartenir qu'à une seule créature : un tyrannosaure !

Ajay entreprit de suivre la piste du monstre. Il indiqua un sentier, dans la jungle.

Roland hocha la tête et prit son fusil.

– Où pensez-vous aller comme ça ? demanda Ludlow.

– Toucher mon salaire..., dit simplement Tembo.

Les deux chasseurs s'enfoncèrent dans

les broussailles. Avançant en silence, ils enjambèrent des racines et contournèrent de grands arbres.

Ajay s'immobilisa à l'orée d'une clairière. Devant eux se dressait une muraille rocheuse truffée de grottes.

Roland et son compagnon approchèrent de la première. Une saillie défendait l'entrée. Au-delà, les ténèbres étaient insondables.

Roland fit signe à Ajay d'avancer. Prudents, ils contournèrent les ossements d'un grand animal. Plus loin, ils découvrirent d'autres os, puis la patte de quelque infortunée créature, couverte de mouches et d'asticots.

– C'est bien ça, dit Roland. Le repaire du tyrannosaure...

Eee-eee !

Un cri aigu venait de retentir dans la grotte. Les deux chasseurs escaladèrent la saillie et regardèrent en bas.

Dans la caverne obscure, ils aperçurent un muret de boue séchée. Derrière, un petit tyrannosaure rongeait un os. Debout sur ses membres postérieurs, il mesurait à peine un mètre vingt.

Il leva un instant la tête, puis s'occupa de nouveau de son repas.

À cet instant, une forte odeur de pourriture monta aux narines des deux chasseurs.

Roland plaça un mouchoir devant son nez.

– Le jeune doit avoir quelques semaines... Il n'est jamais sorti du nid. Ses parents ne vont pas tarder à revenir...

– On les attend ici ? demanda Ajay.

Roland secoua la tête.

– Non. Ils nous sentiraient et attaqueraient avant qu'on puisse esquisser un geste. Il faut qu'ils viennent vers nous...

Eee-eee ! cria de nouveau le bébé avant d'arracher à l'os un autre morceau de viande.

Roland regarda le petit animal. Une idée lui vint...

CHAPITRE VI

La nuit tombait vite. Dans la jungle, les chasseurs avaient débroussaillé une zone pour y dresser leur campement.

Bientôt, un rayon laser de protection entoura le camp, au centre duquel crépitait un grand feu. Sur la gauche étaient garés les camions et les jeeps. Sur la droite, des dinosaures rugissaient et se débattaient dans des cages géantes.

Ian et ses compagnons étaient toujours sur la colline.

– Des compsognathus, des tricératops, des pachycéphalosaures..., dit Sarah. On dirait qu'ils se limitent aux herbivores et aux petits charognards...

Elle recula un peu, car cette vision en plongée lui donnait le vertige.

– Ils veulent vraiment faire un parc ici ? demanda Kelly. Après ce qui est arrivé au premier ?

– Ils ne construisent rien, répondit Ian. Ils emportent les animaux. C'est tout...

Nick sourit.

– Un coup de chance qu'on ait un plan de secours pour les arrêter...

– Un plan de secours ? répéta Sarah.

– Ouais ! (Nick sortit d'un sac un couteau de chasse et une pince coupante.) Moi !

Mais Ian n'avait aucune intention de se frotter à Peter Ludlow.

– Sarah, dit-il, je dois m'occuper de Kelly. Il faut qu'elle quitte l'île. Alors je te le demande encore une fois : viens-tu avec nous ?

La jeune femme regarda Nick, puis Ian.

– J'attends depuis toujours une occasion pareille... Je ne les laisserai pas tout gâcher.

Elle fit un signe de tête à Nick.

Ils commencèrent à descendre le flanc de la colline.

Loin de là, dans la jungle, Roland venait d'enchaîner le jeune tyrannosaure à un piquet planté dans le sol.

Ludlow l'avait regardé faire, interloqué.

– Un appât, expliqua le chasseur.

– Vous plaisantez, j'espère ? Les tyrannosaures se fichent de leurs petits. Ils ne pensent qu'à une chose : se remplir le ventre.

Il se pencha pour étudier l'animal, à qui

il voyait un avenir bien plus intéressant que de servir d'appât.

– Le monde entier paiera pour te voir grandir, mon petit. Tu vaux des millions de dollars...

Avec un sifflement, un autre compsognathus bondit hors des broussailles. Effrayé, Ludlow recula.

Il poussa un cri et perdit l'équilibre, son pied droit venant écraser la patte du dinosaure prisonnier.

– *Eeehhh !* cria la bête.

Roland l'examina et se tourna vers Ludlow.

– Vous lui avez cassé la patte, rugit-il.

Sarah et Nick avaient rampé jusqu'aux abords du camp des chasseurs. De là, ils virent Ludlow regagner le cercle de véhicules en ronchonnant.

Puis l'homme d'affaires avisa une antenne parabolique sur le toit de la plus grande tente, et il retrouva le sourire.

Ils doivent être prêts à transmettre Dieu sait quoi, songea Sarah tandis que plusieurs chasseurs et des ouvriers rejoignaient Ludlow.

Sarah et Nick se regardèrent. C'était maintenant ou jamais, puisque tout le monde semblait occupé.

Nick poussa la jeune femme pour l'aider à sauter la clôture électrique. Puis, tel un athlète olympique, il effectua un bond impeccable.

Ils étaient dans le camp...

Lentement, ils s'approchèrent des véhicules. Nick sortit sa pince coupante et se glissa sous un camion.

Un léger bruit apprit à Sarah qu'il venait de sectionner la conduite d'essence. Du carburant tomba dans la poussière.

Sans cesser de surveiller les alentours, la jeune femme fit signe à son compagnon de passer au prochain véhicule.

Quelques minutes plus tard, le travail était fait. Ces camions et ces jeeps n'iraient plus nulle part.

Sarah regarda à gauche et à droite. Personne. Tous étaient dans la tente principale, où Ludlow se préparait à utiliser un téléphone spécial. Une caméra tournait, transmettant les images à InGen.

Sur un écran, on voyait les membres du directoire de l'entreprise, assis autour de leur sempiternelle table.

Super! pensa Sarah.

Nick et elle traversèrent le camp pour s'approcher des cages. Ils s'arrêtèrent devant un grand tricératops prisonnier au moment où Ludlow commençait à parler.

– InGen cherche de nouveaux investisseurs pour boucler le financement de notre parc à thèmes de San Diego, en Californie. Le complexe, situé sur le front de mer, est presque terminé. (Ludlow désigna un compsognathus enfermé dans une cage.) Bientôt, nous serons prêts aussi...

Souriant, Ludlow s'approcha de la maquette du parc. Des dinosaures miniatures étaient enchaînés dans de petites cages...

– Messieurs, continua-t-il, nos animaux sont adultes, et pleinement...

Un bruit de tonnerre couvrit sa voix. Dans la maquette, les petites cages vibrèrent.

Déchirant la toile, le tricératops pénétra dans la tente, son énorme tête se balançant de droite à gauche.

Bing ! Boum !

Des lampes et divers appareils tombèrent sur le sol, renversés par la charge de l'animal.

Les chasseurs crièrent de surprise – et de terreur – quand le tricératops mugit. Affolée, la bête chargea droit devant elle, arrachant les piliers de la tente.

Les hommes sortirent en hâte. Le dinosaure continua son chemin, traînant la toile avec lui.

Il mugit de plus belle en traversant le campement.

La toile se déchira, puis s'enflamma. Fou de terreur, le tricératops donnait des coups de tête dans tous les sens, éventrant tente après tente.

Il piétina les réserves de vivres, écrasa des caisses de matériel...

Puis le feu atteignit une des rigoles de carburant. La flamme remonta jusqu'à sa source : un camion, qui explosa avec un bruit de fin du monde.

Dans sa course, le dinosaure renversa le générateur du rayon laser, qui disparut aussitôt.

Au cœur de la jungle, où il guettait toujours le retour de ses proies, Roland entendit le vacarme. Abandonnant le petit tyrannosaure, il courut vers le camp.

Une fumée noire emplissait l'air. Des dinosaures couraient partout.

Une catastrophe !

Ludlow, vacillant, s'approcha du chasseur.

– Que s'est-il passé ? demanda Roland.

Puis il se baissa et ramassa le cadenas d'une cage, proprement cisaillé.

– Je vois... nous ne sommes pas seuls...

CHAPITRE VII

Nick s'éloignait au pas de course du campement dévasté. Il regarda autour de lui pour repérer Sarah, mais il ne la vit pas.

Il fallait qu'il la localise, puis qu'ils rejoignent leur véhicule.

C'était le moment de ficher le camp de là !

Eee-eee !

Nick s'immobilisa. En face de lui se trouvait le bébé tyrannosaure, toujours enchaîné à son piquet.

Et toujours fou de douleur...

Au premier coup d'œil, Nick constata que l'animal avait une patte cassée. Il secoua la tête, écœuré. Ces chasseurs n'avaient ni foi ni loi.

Il saisit le piquet et le retira de terre.

Dix minutes plus tard, Sarah atteignit la clairière où était garé leur véhicule TA-TT.

– Nick ! s'exclama-t-elle en apercevant son compagnon. Dieu merci, tu es là !

Elle se précipita vers la portière du TA-TT.

– Attends un moment ! cria Nick.

Trop tard.

Eee-ee ! gémit le petit tyrannosaure.

Sarah referma la portière.

– Es-tu devenu fou ? cria-t-elle.

– Il est blessé ! Monte devant ! Vite ! Déguerpissons avant que les chasseurs nous entendent.

Dans la caravane, Ian se débattait toujours contre les boutons de la radio. Il les essaya un à un, n'obtenant que des stations musicales, mais pas la barge.

Dans la jungle, non loin de là, Eddie était en train de monter la plate-forme d'observation.

Il perd son temps avec ce truc ! pensa Ian. *On doit partir d'ici le plus vite possible !*

– Il faut trouver la fréquence..., expliqua-t-il à Kelly. J'essaye de composer le bon numéro, sur le sélecteur, pour contacter le bateau...

Kelly ouvrit le livre qu'elle avait trouvé près de la radio. Ian parcourut des yeux plusieurs colonnes de chiffres.

– Ah ! j'y suis !

Il tourna le sélecteur et obtint... des parasites, puis de la musique.

– Enfin... presque...

Soudain, la porte s'ouvrit. Nick et Sarah entrèrent.

Ian écarquilla les yeux en apercevant le tyrannosaure.

– Pas de sermon, je t'en prie ! dit la jeune femme.

Elle ouvrit la pharmacie et en sortit une petite seringue.

– Génial ! s'exclama Kelly.

– Tiens-le bien, Nick ! ordonna Sarah.

Elle injecta un anesthésiant local au jeune dinosaure. Puis elle promena sur sa patte un petit appareil à rayons X.

Un écran afficha l'image radio du membre blessé.

– C'est une fracture...

– Sarah, explosa Ian, nous avons des problèmes plus urgents !...

– Le petit ne peut pas marcher, plaida la jeune femme. Pour lui, ça signifie la mort. Si un prédateur le découvre, il ne pourra pas s'enfuir...

Elle fouilla dans le matériel médical, cherchant de quoi poser un plâtre à l'animal. Le sang du bébé tyrannosaure maculait sa chemise.

Les cris de la bête étaient de plus en plus forts.

Kelly recula, très nerveuse. Depuis des heures, elle n'avait entendu parler que de mort et de prédateurs. Et maintenant, ce bébé qui pleurait...

C'était trop.

– D'autres animaux vont entendre ses cris, dit-elle, tremblante. Je veux sortir d'ici...

– Tout va bien, ma chérie, la rassura Ian. Je vais contacter le bateau. Dans quelques heures, tu seras en sécurité...

– Je veux sortir de la caravane ! cria Kelly. De suite !

Ian retint sa respiration. Il fallait qu'il agisse, et vite !

La plate-forme...

Eeehhh ! criait le bébé dinosaure.

À l'intérieur de sa cachette surélevée, Kelly sursauta. Le son portait si loin... Elle se demanda qui d'autre allait l'entendre...

– Tu ne pourrais pas être plus en sécurité, lui répéta Ian. Tu te souviens de ce qu'a dit Sarah ? Avec ces plantes empoisonnées tout autour, les dinosaures ne viendront pas nous chercher. Tout ira très bien...

Eeehhh ! cria encore le tyrannosaure.

Grrr !

Le second cri, beaucoup plus grave, semblait répondre aux appels du jeune animal.

Ian serra sa fille contre lui. Il connaissait ce rugissement. Un tyrannosaure adulte !

Le père ou la mère venait récupérer son rejeton.

Il devait avertir Nick et Sarah, toujours dans la caravane.

– Il faut que je descende...

– Non, papa ! Je t'en prie, reste ici !

Grrr !

Le bruit se rapprochait.

– Je reviendrai vite, promit Ian.

Il chercha le regard de sa fille, la suppliant de comprendre.

Kelly sourit bravement.

Ian s'en fut sans se retourner...

Quand il entra dans la caravane, Sarah venait de placer un « plâtre » en aluminium autour de la patte du dinosaure. Elle s'était servie des chewing-gums de Nick pour le maintenir en place.

– Encore une injection, expliqua-t-elle à son compagnon, et ça devrait aller...

– Impossible ! dit Ian en saisissant le petit animal. Il faut que cette... créature... sorte d'ici sur-le-champ.

Grrr !

Le rugissement du dinosaure adulte s'entendait désormais à l'intérieur du véhicule.

– C'est quoi ? demanda Sarah.

– Une maman très en colère, répondit Ian.

Le bébé cria de plus belle.

La caravane commença par vibrer, puis trembla sur ses bases. Des appareils s'écrasèrent sur le sol. Le tyrannosaure était passé à l'attaque.

Sa gueule monstrueuse apparut derrière une vitre.

Ian, Sarah et Nick se figèrent.

La grande bête grogna affectueusement à l'intention de son petit.

Cela calma le bébé, qui répondit sur le même ton.

La gueule d'un autre tyrannosaure apparut derrière la vitre opposée.

– Eh bien, la famille est au complet, marmonna Ian.

– Ils sont venus chercher leur petit ! s'exclama Sarah.

– Alors, ne les décevons pas, dit Ian.

Il porta l'animal jusqu'à la sortie. Ses parents suivirent la manœuvre de vitre en vitre.

Ian ouvrit la portière.

Le bébé glapit de joie et courut vers les siens.

Le père de Kelly referma la portière sans perdre une seconde.

Ses compagnons et lui entendirent des grognements qui leur semblèrent être des manifestations de satisfaction. Puis des bruits de pas retentirent.

Les tyrannosaures s'éloignaient.

Blême, Nick se tourna vers ses compagnons.

– Bon, dit-il, que fait-on ? On reste, ou on s'en va ?

– On file ! lancèrent Ian et Sarah en chœur.

Ian reprit le micro de la radio. Il fallait qu'il contacte cette fichue barge.

Des bruits de pas retentirent de nouveau.

– Ian ? gémit Sarah.

Les tyrannosaures étaient de retour...

CHAPITRE VIII

Boum !

Un dinosaure venait de percuter la caravane, qui manqua se renverser. L'autre animal attendit un instant, puis il chargea.

– Accrochez-vous à quelque chose ! beugla Nick.

Les trois passagers se précipitèrent vers tout ce qui était boulonné au sol : le réfrigérateur, la table, le comptoir...

Boum !

La caravane bascula sur le flanc.

Boum !

Un nouveau coup et elle se retrouva sur le toit. Ian, Sarah et Nick tombèrent au milieu d'une pluie de casseroles, de poêles et de boîtes de conserve.

Le plafond était devenu le sol !

Les dinosaures repassèrent à l'attaque, martelant le véhicule de coups de tête.

Ian sentit que la caravane glissait dans la boue. Il rampa jusqu'à une vitre.

– Bon sang ! cria-t-il. Ils nous poussent vers le bord de la falaise.

Les tyrannosaures y allaient de bon cœur ! Ian et ses compagnons tentèrent de gagner l'autre moitié du véhicule, plus éloignée de l'abîme, mais ils ne parvinrent pas à garder leur équilibre.

Ian tomba près du sac à dos de Sarah. Le téléphone spécial dépassait d'une pochette.

C'était leur unique chance d'appeler à l'aide.

Ian s'empara de l'appareil.

À cet instant, la caravane bascula dans le vide, heurtant durement la paroi rocheuse.

Puis elle s'immobilisa, retenue par sa « jumelle ». Le soufflet qui les reliait s'étirait dangereusement.

Ian glissa. Il lâcha le téléphone et arrêta sa chute en saisissant au vol un pied de la table.

Sarah se retenait à la poignée du réfrigérateur, ses jointures blanchissant sous l'effort.

Elle ne put résister longtemps. Sa main s'ouvrit et elle partit en chute libre.

– Aaah ! cria-t-elle.

Avec un bruit sourd, elle s'écrasa sur la vitre arrière.

Cent cinquante mètres plus bas, les vagues venaient s'écraser contre les rochers.

La vitre était fissurée. Elle ne tarderait pas à céder...

L'avenir de la paléontologue ne tenait plus qu'à un fil.

– Non !... gémit Sarah.

Elle regarda en bas et sentit sa tête tourner.

– Courage ! lui cria Ian. Je viens te chercher. Nick, récupère ce téléphone !

Nick lâcha d'une main le comptoir où il se retenait.

L'appareil avait été arrêté par un pied de table. C'était un miracle qu'il tienne ainsi en équilibre.

Nick tendit une main... encore un effort ! Oui, c'était presque ça...

Un de ses doigts toucha le combiné. Un autre...

À cet instant, la caravane glissa un peu plus. Le téléphone bascula dans le vide, s'écrasant sur la vitre arrière, à côté de Sarah.

Pour le verre, ce fut le coup de grâce. Il explosa et le combiné tomba dans le vide. Sarah suivit le même chemin.

– Au secours ! cria-t-elle.

Ian la rattrapa par la main au dernier moment. Sarah se retrouva suspendue dans les airs.

Nick jeta un coup d'œil par une vitre. Il vit que les dinosaures se regardaient, l'air satisfait de leur œuvre.

Ils s'éloignèrent.

Un grand bruit avertit Nick que le soufflet atteignait les limites de sa résistance. S'ils ne faisaient rien, il ne leur restait plus que quelques minutes à vivre.

– Il faut sortir ! cria-t-il. Vite !

Haletant comme un phoque, Sarah réussit à revenir dans la caravane.

Dehors, Eddie roulait comme un fou le long de la falaise. Depuis la plate-forme, il avait vu les dinosaures et deviné sans peine ce qui était en train de se produire.

– Tenez le coup ! marmonna-t-il. J'arrive !

Quand il fut en vue du précipice, il écarquilla les yeux. La deuxième caravane était sur le point de basculer à son tour dans le vide.

Eddie sortit du TA-TT après s'être emparé d'une corde, qu'il noua autour d'un tronc d'arbre.

Il entra dans la deuxième caravane, la corde au poing.

– Nick, attrape ! cria-t-il en la lançant.

A présent, pensa-t-il, *je dois les empêcher de tomber.*

Il sortit de la caravane, s'approcha du

TA-TT, tira le câble de remorquage et alla l'accrocher à l'avant de la deuxième caravane.

Le câble se tendit et stabilisa les véhicules.

Il ne restait plus qu'à les tirer loin du gouffre.

Eddie reprit place sur le siège du conducteur et appuya à fond sur l'accélérateur.

Le bruit du moteur fut couvert par un autre grondement.

Les tyrannosaures revenaient !

Eddie tremblait de tous ses membres. Il se jeta sous le volant, priant pour que les monstres ne le voient pas.

Mais il était trop tard.

Les tyrannosaures chargèrent.

Eddie comprit que plus rien ne pourrait le sauver.

Dans la caravane, Ian, Sarah et Nick s'accrochaient à la corde lancée par leur ami.

Puis ils entendirent ses cris.

Des cris atroces... Et plus rien...

La caravane glissa encore un peu le long de la paroi.

C'était la fin du voyage, pour eux comme pour Eddie.

Le véhicule tomba. Les trois explorateurs serrèrent plus fort la corde.

Le soufflet... la vitre arrière de la deuxième caravane... son pare-brise... Tout cela défila autour d'eux.

Ian, Sarah et Nick se retrouvèrent suspendus dans le vide. Miracle des miracles, ils n'étaient pas blessés, si on exceptait quelques contusions.

Ils entreprirent de remonter vers le bord de la falaise, qui leur semblait si loin.

Au moment où ils désespéraient d'arriver au but, des mains se tendirent, miséricordieuses.

Tour à tour, ils furent tirés sur la terre ferme...

... Par Roland et les autres chasseurs...

– Des gens doivent lutter avec moi
afin que l'île reste comme elle est.

Les trois hommes suivaient un sentier
qui s'enfonçait dans la jungle.

Ian, Eddie et Nick se précipitèrent vers Sarah.

Sarah s'approcha du bébé dinosaure.

– Je vais sortir ma fille de cet enfer.

Ian et ses compagnons observaient le QG des chasseurs.

C'était un véhicule spécial...

...conçu pour capturer de grands animaux.

Un tricératops était prisonnier.

Sarah emporta le petit tyrannosaure blessé.

Une gueule monstrueuse apparut derrière la vitre.

Les tyrannosaures passèrent à l'attaque.

Quelque chose les épiait.

En face d'eux se trouvait le tyrannosaure.

Retenant son souffle, Sarah sauta.

CHAPITRE IX

Les deux groupes se dévisagèrent. L'un était là pour préserver la nature, l'autre pour la piller.

Ils n'avaient rien à se dire. Et rien à faire, sinon trouver un moyen de quitter l'île ensemble.

Ian alla chercher Kelly, puis il rejoignit le campement des chasseurs. Quand les deux équipes eurent fait l'inventaire de leurs possessions, force leur fut de constater qu'il ne restait pas grand-chose.

Quelques tentes. Des sacs de couchage. Un peu de nourriture.

En revanche, ils n'avaient plus ni radio ni téléphone.

Il leur était impossible d'appeler à l'aide.

– Nous sommes coincés sur cette île, lâcha Roland. Grâce à vous...

– Minute ! explosa Nick. Nous étions venus pour observer et vous pour exploiter.

Tout ce qui vous importe, c'est ce que vous pouvez *prendre* !

Ian n'était pas d'humeur à polémiquer. Kelly blottie dans ses bras, il remercia silencieusement Eddie d'avoir sacrifié sa vie pour qu'ils survivent.

Combien de temps ?

– Écoutez-moi ! intervint Sarah. En emmenant le bébé tyrannosaure dans notre camp, nous avons peut-être modifié le territoire de chasse de ses parents...

– C'est fort possible, renchérit le Dr Burke. (Il prit un air supérieur.) C'est sans doute pour le défendre qu'ils ont détruit les caravanes...

– Si c'est vrai, il faut partir d'ici ! déclara Sarah.

– Partir où ? demanda Nick. Notre bateau et leurs hélicoptères attendent des ordres que nous ne pouvons pas leur envoyer.

Ludlow baissa les yeux sur une carte.

– Il y a une centrale de communication dans l'ancien village des ouvriers. Elle est alimentée par des capteurs solaires. Allons-y et envoyons un message de détresse.

– C'est loin d'ici ? demanda Nick.

– Un jour de marche, répondit Ludlow. Mais ça n'est pas le pire problème...

– Ce qui veut dire ? s'enquit Roland.

– Les vélociraptors, voilà le problème...

Ian écarquilla les yeux. Des carnivores chassant en meute. Moins gros que les tyrannosaures, ces animaux étaient aussi forts que malins. Et leurs griffes pouvaient couper un homme en deux.

– Nos satellites nous ont appris que leur site de ponte était proche du village, continua Ludlow. C'est pour ça que nous avions prévu d'en rester loin...

– Les tyrannosaures vont nous traquer aussi, ajouta Sarah.

– Je suis sûr qu'on saura se défendre ! lança Stark.

– Et moi, je reste persuadé du contraire, dit Ian.

– Assez bavardé ! trancha Roland. (Il tapa dans ses mains.) Nous n'avons pas le choix. En route pour le village !

Les deux groupes marchaient dans la jungle sous la lumière de la pleine lune.

Quand l'aube se leva, il fit vite très chaud. Un peu partout, les animaux s'ébrouaient, saluant le retour du jour.

Sans prendre de repos, les fuyards continuèrent à fendre les broussailles et les entrelacs de lianes.

Puis Tembo leva une main.

– Cinq minutes de pause ! dit-il.

Tous se laissèrent tomber sur le sol. Roland posa son fusil contre un arbre et alla parler à Ludlow.

Nick regarda l'arme faite pour tuer des animaux revenus du fin fond des âges...

Une étrange lueur brilla dans ses yeux.

Non loin de là, Dieter Stark prit un rouleau de papier toilette dans un sac.

– Attendez-moi là, dit-il à Carter.

Portant sur les oreilles des écouteurs de walkman, l'homme n'entendit rien, mais il acquiesça quand même.

Stark partit en direction des broussailles.

Soudain, il se figea. Un animal y était tapi.

Dieter le reconnut. C'était un compsognathus. Il ressemblait comme deux gouttes d'eau à celui qu'il avait « taquiné ».

Avec un sourire, l'homme sortit son bâton électrique.

– Personne ne t'a dit de ne jamais espionner les gens ?

La pointe du bâton entra en contact avec le dos de l'animal, qui sursauta et se tortilla avant de détaler en gémissant.

Stark remit le bâton à sa ceinture...

Quelques instants plus tard, il écarta les broussailles pour revenir dans la clairière.

– Carter ? appela-t-il. Carter ?

Il n'obtint pas de réponse. En revanche, il entendit des bruits étranges, derrière lui.

Stark partit au pas de course, mais il trébucha sur une racine et s'étala de tout son long.

Quand il releva les yeux, il aperçut le compsognathus qu'il venait de blesser.

Une quarantaine d'autres le suivaient...

Ils chargèrent.

CHAPITRE X

La pause était terminée. Les deux groupes se levèrent avec difficulté. Roland regarda autour de lui et ne vit pas Dieter Stark.

– En route ! ordonna-t-il.

Il resta à l'arrière de la colonne, fouillant les alentours.

Moins d'un quart d'heure plus tard, ils atteignirent le sommet d'une colline d'où on pouvait voir l'autre côté de l'île, où se trouvait l'ancien village des ouvriers.

Une forêt vierge les en séparait.

Roland approcha de Sarah.

– Avez-vous trouvé Stark ? demanda-t-elle.

L'homme eut un sourire amer.

– Oui. Du moins les morceaux qui ne leur ont pas plu... (Il regarda le village, au-delà de la jungle.) La centrale de communication est dans le plus grand bâtiment... Le trajet ne sera pas de tout repos. Nous allons manger, puis dormir une heure. Ensuite, il faudra prendre des risques...

Plusieurs hommes se laissèrent tomber sur le sol là où ils étaient. D'autres s'appuyèrent contre des arbres. Un petit nombre se hâta de monter des tentes.

Dans la leur, Kelly et Sarah déplièrent leurs sacs de couchage.

Ian était allé observer les environs.

Bâillant discrètement, Sarah retira sa lourde veste et l'étendit sur la tente pour qu'elle s'aère. Alors elle remarqua le sang qui maculait le vêtement.

Elle sursauta.

Était-ce assez pour attirer les tyrannosaures ?

L'écho de formidables bruits de pas répondit pour elle à cette question.

Les dinosaures !

Sarah reprit la veste et la jeta sur le sol.

– Kelly, vient m'aider, il faut creuser !

Ensemble, elles remuèrent la terre à mains nues pour cacher le vêtement.

Quand ce fut fini, la jeune femme et la fillette se glissèrent dans un des sacs de couchage ; elles remontèrent la fermeture Éclair.

Nous avons fait tout ce que nous pouvions..., pensa Sarah.

Le tyrannosaure approcha de la tente,

puis passa la gueule par l'ouverture. Il renifla et grogna, inspectant d'abord l'endroit où était enterrée la veste. Ensuite, il s'intéressa au sac de couchage.

Terrifiée, Kelly se blottit contre Sarah.

Le dinosaure rugit, puis leva la tête, arrachant la tente du sol.

Les hommes qui dormaient déjà ouvrirent un œil. Quand ils aperçurent l'animal, ils se levèrent et s'éparpillèrent en tous sens.

– Arrêtez ! cria Ian. Ne courez pas !

Puis il remarqua le sac de couchage. Sarah et Kelly tentaient d'en sortir, mais elles étaient coincées.

Et le tyrannosaure grognait à un pas d'elles...

– Kelly ! appela Ian.

Il essaya d'approcher. Courant dans l'autre sens, un groupe de chasseurs le renversa.

À l'autre extrémité de la clairière, Roland avait observé la scène.

Il leva son fusil. Dans une seconde, le problème serait réglé.

L'essentiel, c'était de bien viser pour tuer le monstre sur le coup.

Il appuya sur la détente.

Clic !

Rien ne se produisit.

Roland vérifia le chargeur. On lui avait volé les balles !

Venant d'une autre partie du camp, Nick slalomait entre les chasseurs pour rejoindre Sarah et Kelly.

Il ouvrit le sac de couchage et les aida à se relever.

Un rugissement retentit. Le deuxième tyrannosaure venait d'arriver !

Nick, Kelly, Sarah et les chasseurs s'enfuirent. Hélas, l'animal les suivit.

Son énorme gueule ouverte, le premier tyrannosaure chargeait Roland.

Désarmé, le chasseur courut jusqu'à une caisse sur laquelle était écrit : « ATTENTION ! ANESTHÉSIANTS TRÈS PUISSANTS. »

Il l'ouvrit et en sortit un fusil, qu'il épaula.

Agissez vite, amis anesthésiants ! pensa-t-il en appuyant sur la détente.

CHAPITRE XI

Les chasseurs et les explorateurs dévalaient la pente d'un ravin. Derrière eux, le tyrannosaure courait de plus en plus vite.

– Kelly ! cria Ian, caché derrière des rochers, en surplomb. Fiche le camp de là ! Tu vas être piégée.

Mais la descente était trop raide pour rebrousser chemin et la petite fille se trouvait au milieu du groupe d'adultes, entre Nick et Sarah. Elle ne pouvait rien faire d'autre que courir à perdre haleine...

Le dinosaure gagnait du terrain. Carter commit l'erreur de se retourner. Paniqué, il trébucha et perdit l'équilibre.

Il essaya de se relever. Les autres fuyards, morts de peur, le renversèrent.

Quand la patte du dinosaure se leva audessus de sa tête, le malheureux poussa un cri déchirant.

Loin devant, Nick entendit son hurlement d'agonie.

Jamais ils ne pourraient distancer un tyrannosaure ! Autant vouloir battre une voiture à la course...

Soudain, le jeune homme repéra une chute d'eau, sur sa droite. Prenant Sarah et Kelly par la main, il leur fit traverser la cascade.

Ils se retrouvèrent sur une petite plate-forme rocheuse, et tremblant de peur, ils se blottirent les uns contre les autres.

Des cris retentirent.

– Silence..., souffla Nick.

S'ils se tenaient tranquilles, le tyrannosaure passerait peut-être devant eux sans les remarquer.

Avec un « plouf » sonore, le Dr Burke traversa l'eau à son tour.

– Écartez-vous de là ! cria-t-il.

Du coude, il poussa Kelly au bord de la plate-forme.

Il avança vers la paroi, obligeant les autres à approcher de la chute d'eau... et du danger.

La tête du dinosaure traversa le rideau liquide. Il darda sa longue langue bleue vers les humains, tentant de les happer.

Burke recula encore.

– Arrêtez ! cria Sarah. Vous allez faire tomber Kelly !

L'homme n'écouta pas. Il se cala contre la paroi.

Soudain, des centaines de mille-pattes jaillirent d'une fissure et lui tombèrent sur la tête.

D'instinct, Burke s'éloigna de la paroi...

... Et se trouva à portée de la langue du dinosaure, qui s'enroula autour de lui.

Malgré ses cris et sa résistance, l'homme fut entraîné vers la gueule du monstre.

Puis le silence retomba. Des bruits de pas indiquèrent à Nick que le prédateur s'en allait en quête d'autres festins.

Quelques minutes plus tard, Ian traversa l'eau.

Il serra Sarah et Kelly dans ses bras.

– Merci, dit-il à Nick.

Ayant semé le tyrannosaure, les chasseurs gravirent l'autre versant du ravin et se retrouvèrent dans une grande plaine où de hautes herbes ondulaient sous le vent.

Ajay s'immobilisa.

– Non ! cria-t-il. N'allez pas plus loin.

Les hommes ne l'écoutèrent pas. Ajay les regarda, indécis. Devait-il les suivre ? Essayer de leur faire rebrousser chemin ?

Ou trouver une cachette sûre ?

Après avoir pris une grande inspiration, il s'enfonça dans la savane.

Devant lui, les fuyards regardaient autour d'eux. Constatant l'absence de dinosaures, ils se détendirent un peu.

Ils étaient sauvés !

Puis ils virent les herbes onduler. Quelque chose approchait d'eux.

Un chasseur fut jeté sur le sol. Un autre disparut dans les herbes.

Un troisième entendit un bruissement. Quand il se retourna, il vit qu'une longue queue glissait vers lui. Avant qu'il ait pu faire un geste, le dinosaure bondit dans les airs et le frappa.

Des vélociraptors..., pensa Ajay.

Puis il vit les quatre gueules fuselées qui fondaient sur lui.

Les yeux fermés, il attendit la fin.

Quelques minutes plus tard, Ian, Kelly, Sarah et Nick sortirent du ravin et débouchèrent sur la plaine.

Tendant l'oreille, Ian capta un grognement familier – pour lui...

– Des vélociraptors ! cria-t-il. Courez ! Courez le plus vite possible !

Il saisit Kelly par la main et tous quatre démarrèrent. Un dinosaure les prit en chasse, bondissant sur leurs talons.

Les fuyards accélérèrent l'allure et s'enfoncèrent dans les herbes.

Après ce qui leur parut une éternité, le sol sembla disparaître sous leurs pieds.

Ils entreprirent la difficile descente d'un flanc de coteau. Des épines et des racines déchiraient leurs vêtements. Des petites branches les blessèrent au visage.

Quand ils furent en bas, Kelly s'accrocha au bras de son père.

Devant eux s'étendait une bande de sable semée d'ossements. Des crânes, des épines dorsales, des queues...

– Un cimetière de dinosaures ! cria Sarah.

Ian tendit un bras : le village n'était plus qu'à quelques centaines de mètres.

Nick prit la position de départ d'un coureur de demi-fond.

– Chaque seconde compte ! dit-il. Je vais sprinter jusqu'à la centrale de communication et envoyer un message de détresse.

Il démarra.

Cinq minutes plus tard, il passa devant des maisons et des magasins abandonnés, puis s'engouffra dans l'un des bâtiments.

Les appareils étaient couverts de poussière. Des lianes grimpaient un peu partout.

La radio était là, encastrée dans un mur. Il l'alluma.

Rien ne se passa !

Nick insista, appuyant sur tous les boutons.

Des voyants clignotèrent...

Au même moment, Peter Ludlow sortit du trou boueux où il se cachait. Il s'empara d'un morceau de toile déchirée et s'essuya le visage.

Il regarda le camp ravagé, les tentes éventrées, les vivres piétinés.

Puis il vit quelque chose de beaucoup plus intéressant. Un des tyrannosaures adultes gisait sur le sol.

Ludlow s'approcha et remarqua qu'un projectile anesthésiant était fiché dans son cou.

L'homme d'affaires sourit.

CHAPITRE XII

Ian, Sarah et Kelly avançaient sur le sable. Peu à peu, ils approchaient des vieux bâtiments.

Quand un grognement sourd retentit, ils s'arrêtèrent. Puis ils regardèrent à droite, à gauche, et enfin au-dessus d'eux.

Ian sourit. C'était un hélicoptère.

– Nick a réussi ! Les secours arrivent !

Tous trois firent de grands gestes joyeux quand Nick apparut sur le toit d'un bâtiment. Il leur criait quelque chose, mais le bruit du rotor couvrait sa voix. Qu'essayait-il de dire ?

– Je n'entends rien, déclara Ian. Continuons d'avancer.

À cet instant, une masse verte rugissante sauta sur Sarah.

La jeune femme cria à tue-tête quand le monstre la plaqua sur le sol et enfonça ses dents dans quelque chose de mou...

... Le sac à dos !

Le vélociraptor secoua la tête, arrachant le sac. Sarah roula sur elle-même, puis se releva et courut vers le bâtiment le plus proche.

Ian poussa Kelly dans le dos.

– Suis Sarah ! Je me charge de distraire le dinosaure.

Kelly ne broncha pas. Elle mourait de peur à l'idée de quitter son père.

– Je t'adore, lui souffla Ian. Mais cours, je t'en prie !

La fillette prit une grande inspiration avant de démarrer.

Ian respira à fond puis agita les bras en criant pour attirer l'attention du vélociraptor.

Il courut vers la bête, qui ouvrit la gueule, se régalant à l'avance.

Ian s'immobilisa.

Le dinosaure grogna de dépit.

Sa proie fit demi-tour et sprinta en direction d'un bâtiment.

La réserve d'essence...

Ian ferma la porte au nez du monstre.

L'animal entra par une fenêtre, faisant exploser la vitre.

Ian sortit ; le dinosaure fit de même.

Le père de Kelly revint à l'intérieur du bâtiment pour se cacher derrière la porte.

Le vélociraptor chargea.

Le battant de bois fut arraché de ses gonds et vola dans la pièce.

Rejeté en arrière, Ian traversa une fenêtre, dans le mur du fond. La porte suivit le même chemin, se coinçant dans l'embrasure.

Au moins, le dinosaure ne pourrait pas passer par là...

Sarah et Kelly examinaient la salle sans fenêtre où elles avaient trouvé refuge. Il devait s'agir d'un entrepôt, haut de trois étages, car il y avait partout des échelles, des échafaudages et toutes sortes d'outils.

Quelque chose commença à gratter à la porte.

Kelly se rapprocha de Sarah. Un sifflement furieux leur apprit qu'un nouveau vélociraptor était à leurs trousses.

Il essayait d'entrer!

Sarah tira Kelly jusqu'au mur opposé. Elles s'accroupirent et entreprirent de creuser le sol pour se ménager un tunnel de sortie.

Un grognement ruina leurs espoirs. Toute retraite leur était interdite.

Les dinosaures les cernaient.

Sarah se releva et aida Kelly à faire de même.

Puis la jeune femme avisa un échafaudage qui donnait accès à une plate-forme.

– Kelly, tu peux grimper ?

La fillette ne répondit pas, mais elle sauta, saisit une des barres de métal et effectua un rétablissement impeccable. Sarah l'imita.

La porte de l'entrepôt s'ouvrit brusquement.

– Kelly ? appela Ian.

– On est là-haut ! cria la fillette.

Ian courut vers l'échafaudage. Alors qu'il s'apprêtait à monter, un dinosaure passa la tête par le trou que Sarah et Kelly avaient commencé à creuser.

La cloison de bois ne résista pas.

Le vélociraptor pénétra dans l'entrepôt.

– Papa, viens ! cria Kelly.

L'animal bondit derrière Ian, faisant trembler l'échafaudage.

Le père de la fillette perdit l'équilibre et tomba derrière le dinosaure, dans un tas de barres de fer.

Kelly écarquilla les yeux d'horreur.

Ian était piégé.

Le vélociraptor se tourna vers lui, prêt à frapper.

Kelly s'essuya les mains sur son jean. Puis elle se lança dans les airs. Saisissant de nouveau une barre de l'échafaudage, elle fit plusieurs tours sur elle-même, telle une gymnaste.

Puis elle lâcha tout et partit en vol plané.

Grrr-grrr !

Le vélociraptor s'apprêtait à sauter sur Ian, toutes griffes dehors.

Kelly le percuta, les pieds en avant.

Le dinosaure perdit l'équilibre et traversa la cloison en hurlant de douleur. Kelly atterrit à côté de son père.

Ian leva les yeux vers Sarah, qui continuait à escalader l'échafaudage.

– Tu es en sécurité, là-haut ! cria-t-il. Va sur le toit !

Il prit la main de sa fille et ils sortirent de l'entrepôt.

Sarah flanqua un coup de pied dans une fenêtre et continua à progresser en direction du toit.

Quand elle fut arrivée, elle vit un hélicoptère en vol stationnaire à l'autre bout de la rue.

Quelques bâtiments la séparaient de l'appareil. Mais comment le rejoindre ?

Retenant son souffle, elle sauta sur la maison suivante. Elle réussit à se hisser jusqu'au sommet du toit en pente...

La jeune femme entendit un sifflement familier.

Un vélociraptor avait pris pied sur l'autre versant du toit. Sarah recula.

Elle sentit que quelque chose cédait sous ses pieds. La vieille toiture rendait l'âme.

Des tuiles glissèrent, entraînant Sarah avec elles.

La paléontologue jeta un coup d'œil en bas, où un deuxième dinosaure l'attendait.

Sarah se rattrapa juste à temps à la gouttière. Une fois de plus, elle se retrouva suspendue dans les airs, coincée entre deux monstres.

Après avoir effectué un rétablissement délicat, la jeune femme s'empara d'une tuile et la jeta sur le dinosaure qui la guettait.

L'autre animal était parvenu sur le versant du toit où elle s'était réfugiée. Sarah comprit que sa dernière heure avait sonné.

Soudain, des tuiles glissèrent sous les pattes du monstre, le déséquilibrant.

L'animal bascula dans le vide... et s'écrasa sur son congénère.

Surpris, les deux vélociraptors grognèrent et commencèrent à en découdre, oubliant Sarah.

La paléontologue était à bout de force. Lâchant prise, elle se laissa tomber sur le sol, près des combattants.

Quelque chose bougea derrière elle. Sarah hurla...

... Mais ça n'était que Kelly et Ian, venus à son secours, qui la tiraient loin des dinosaures.

Les trois survivants coururent en direction de l'hélicoptère... et du salut...

Finalement, tout n'allait pas si mal.

Nick s'adossa au siège de l'hélicoptère, se sentant vidé de son énergie. Ian était assis en face de lui, un bras autour des épaules de Kelly, l'autre autour de celles de Sarah.

La jeune femme sourit de soulagement et regarda par la fenêtre. Un deuxième appareil récupérait un second groupe de rescapés.

Elle vit Peter Ludlow, Roland, et la plupart des chasseurs.

Puis elle poussa un petit cri, car elle venait d'apercevoir autre chose.

– Non ! s'écria-t-elle.

Au sol, des ouvriers s'affairaient à ligoter un des tyrannosaures adultes. Un homme tenait le bébé dans ses bras.

Nick, Sarah, Ian et Kelly tournèrent la tête vers la mer. Un gros cargo se dirigeait vers l'île, prêt à prendre livraison des dinosaures.

Une lueur de détermination brilla dans les yeux de Ian.

– Cette fois, c'est la guerre !

CHAPITRE XIII

La nuit venait de tomber sur San Diego. Peter Ludlow se tenait sur les docks du futur complexe du front de mer. Le directoire d'Ingen au grand complet l'entourait.

Ludlow parlait du parc qui ouvrirait d'ici à quelques jours.

Ian et Sarah s'approchèrent du groupe d'hommes d'affaires. Les deux jeunes gens étaient venus observer l'œuvre de Ludlow.

Le capitaine du port fendit le groupe d'hommes en costume-cravate.

– Le navire qui transporte le dinosaure vient d'entrer dans nos eaux, dit-il à Ludlow. Mais il va beaucoup trop vite et je ne parviens pas à contacter le capitaine.

Ludlow suivit l'homme jusqu'à son PC et, sur l'écran radar, regarda le point lumineux qui se déplaçait très rapidement.

– Ralentissez ! dit le capitaine du port dans le micro de la radio. Ralentissez !...

Le bruit des moteurs du cargo couvrit sa voix.

La proue du navire déchira la brume. À pleine vitesse, le cargo fonçait vers le parc.

Avec un bruit de fin du monde, le navire éperonna les docks.

Les hommes d'affaires s'éparpillèrent comme une volée de moineaux.

Le vaisseau défonça les quais, puis éventra un petit bâtiment.

Le local électrique ! Des câbles se rompirent en crépitant. Toutes les lumières s'éteignirent.

Le navire s'immobilisa enfin. Ludlow sortit de sa cachette et sauta à bord.

Sarah et Ian le suivirent.

Le bateau semblait abandonné, mais le pont était taché de sang. D'énormes chaînes gisaient sur le sol, brisées en plusieurs endroits.

– Que s'est-il passé ? demanda Ludlow. Où est l'équipage ?

Ian l'appela.

– Nous ferions mieux de ficher le camp de là ! dit-il.

Comme à l'accoutumée, Ludlow se moqua de son avis.

– Fouillez la soute ! ordonna-t-il à un garde. L'équipage s'y cache peut-être...

L'homme appuya sur un bouton ; les portes de la soute s'ouvrirent en grinçant.

– Arrêtez ! cria Ian.

Avec un rugissement assourdissant, le tyrannosaure adulte apparut.

Les gardes s'enfuirent. Sans leur accorder un regard, l'animal sauta du vaisseau et fonça droit devant lui.

Ian courut au bastingage.

Le dinosaure venait de renverser les clôtures.

Il se dirigeait vers la ville...

Tôt au tard, songeait Sarah, le tyrannosaure aurait faim et il attaquerait. Ils devaient le ramener au bateau, puis dans l'île.

Mais comment faire ?

– Le jeune dinosaure ! cria Sarah. Il nous le faut !

Ian et Sarah coururent jusqu'à une cage nichée sous l'amphithéâtre du parc.

Le bébé dinosaure dormait à l'intérieur. Ludlow l'avait gavé d'anesthésiants puis transporté dans son avion.

Ian et Sarah chargèrent l'animal dans leur voiture.

– Et maintenant, comment trouver l'adulte ? demanda Sarah.

– Il suffira de se guider aux cris de ses victimes, dit Ian.

Dans la ville voisine, le tyrannosaure descendait l'avenue principale. Autour de lui, les automobilistes perdaient le contrôle de leurs véhicules, jouant malgré eux aux autos tamponneuses.

Les badauds couraient dans tous les sens en criant à tue-tête.

Sarah ne s'était pas trompée. L'animal avait de nouveau faim...

Il rugit de toute la puissance de ses cordes vocales.

Des hurlements de terreur firent écho à son cri.

Le tyrannosaure baissa la tête, happa un homme au passage et se prépara à le dévorer tout cru.

Puis il le renifla, l'air interloqué. Abandonnant sa proie, il huma l'air de nouveau...

Quand il regarda l'autre bout de la rue, une expression curieuse s'afficha sur sa redoutable gueule.

Une auto solitaire approchait de l'animal.

Soudain, Ian écrasa la pédale de frein. Le véhicule s'arrêta, exécutant un tête-à-queue spectaculaire.

Le tyrannosaure se pencha.

Son petit était dans l'étrange boîte...

Ian repartit en trombe.

– Direction le bateau ! cria-t-il.

Les pneus crissèrent.

Le tyrannosaure poursuivit la voiture, tentant de la mordre comme s'il s'était agi d'une proie.

Il gagnait sans cesse du terrain, mais le véhicule approchait des docks, non loin du navire.

Le dinosaure parvint enfin à s'emparer de l'auto. Ses griffes déchirèrent le métal et le plastique.

– On file ! cria Ian.

Ian et Sarah sautèrent de la voiture, Ian se chargeant du bébé.

– Vite ! Vite ! cria-t-il pour se donner du courage.

Le bébé dans les bras, il passa devant Peter Ludlow, qui le regarda avec de grands yeux.

Derrière, le tyrannosaure avait laissé tomber la voiture pour traquer ses occupants.

Au-dessus de sa tête, des hélicoptères apparurent. Ils le cernèrent bientôt, l'aveuglant avec leurs projecteurs.

– Dites-leur de descendre l'adulte ! ordonna Ludlow depuis les docks. Mais qu'on me ramène le bébé vivant !

Sur ces mots, l'homme d'affaires suivit Sarah et Ian sur le bateau. À l'instant où il posait un pied sur le pont, il entendit un « plouf » caractéristique.

Ludlow gagna le bastingage.

Ian et sa compagne venaient de sauter à l'eau.

– Bon sang ! cria Peter, qu'avez-vous fait du petit ? C'est lui que je veux, m'entendez-vous ?

Eee-eee !

Un cri venait de retentir sur un pont inférieur. Ludlow exulta. L'adulte était irrécupérable, mais il aurait le précieux bébé. Dieu sait combien les gens seraient disposés à payer pour le voir !

– Merci, Seigneur..., souffla l'homme.

Il descendit dans la soute et prit le jeune dinosaure dans ses bras.

Un bruit sourd le fit sursauter. Surpris, Ludlow releva les yeux.

Un frisson courut le long de son échine. C'était le tyrannosaure adulte !

L'animal baissa la tête en grognant doucement. Tiré de son sommeil artificiel, le bébé ouvrit les yeux et glapit de joie.

Ludlow le posa sur le sol et recula.

Le tyrannosaure entra dans la soute et domina de toute sa hauteur l'homme d'affaires terrorisé.

– Que... que-que veux-tu ? balbutia ce dernier.

D'un coup de tête, le dinosaure le poussa vers son rejeton. Ludlow essaya de fuir, mais son adversaire était vigilant, et il le renversa sur le sol.

L'adulte regarda le bébé, puis sa proie.

Comprenant l'invitation, le jeune animal sauta sur la poitrine de Ludlow, la gueule ouverte.

Alors l'homme d'affaires comprit.

C'était l'heure de manger pour le petit...

Depuis les docks, Sarah entendit le cri de terreur de Ludlow. Résolue, elle monta sur le bateau et comprit tout en un clin d'œil.

Ludlow avait péri. Le tyrannosaure était toujours libre, et de plus en plus dangereux.

La jeune femme remarqua qu'un fusil anesthésiant gisait sur le pont. Elle le ramassa et l'arma.

Puis elle appuya sur la détente.

CHAPITRE XIV

Dès onze heures, la nouvelle fut annoncée sur toutes les chaînes de télévision : il existait un Monde Perdu. Une île peuplée de dinosaures.

– Un tyrannosaure et son rejeton avaient été amenés ici pour être les fleurons du nouveau parc, expliquèrent les journalistes. Mais tous deux sont repartis vers leur terre natale...

Ian, Kelly et Sarah regardèrent le vaisseau qui longeait la côte sud-américaine.

Épuisés, Ian et Sarah baissèrent les paupières et s'endormirent.

Avec un sourire, Kelly étendit une couverture sur eux.

Tout allait pour le mieux.

Les dinosaures étaient de retour dans l'île. Le monde entier croirait à leur existence, et personne ne douterait jamais plus de la parole de son père.

– Ces créatures ont besoin de notre *absence*, disait John Hammond à la télé. (Il semblait rajeuni et en pleine forme.) Pour notre propre sécurité, nous devons rester à l'écart. Faisons confiance à la nature... La vie trouve toujours un moyen...

Kelly pensa à l'île. Des stégosaures en train de paître... des compsognathus occupés à bondir... des tyrannosaures poussant leur cri de chasse...

Elle sourit une nouvelle fois.

Aucun œil humain ne les reverrait.

En principe...

Du grand écran au format de poche, pour retrouver vos héros préférés. Avec en plus une surprise : des photos du film en couleurs !

Le secret de Roan Inish
Rosalie Fry

Fiona, dix ans, vient vivre chez ses grands-parents, sur la côte ouest irlandaise. Trois ans auparavant, son petit frère, Jamie, a disparu, emporté dans son berceau par la mer. En secret, Fiona veut croire qu'il vit encore. Aussi est-elle sûre de ne pas rêver lorsqu'elle l'aperçoit sur l'île abandonnée de Roan Inish, prenant le thé avec un phoque.

Alaska
Frank Lauria

Un soir de tempête, l'avion de Jake Barnes, pilote en Alaska, est porté disparu. Tous ont perdu espoir de le retrouver, sauf Jessie et Sean, ses enfants. Convaincus que leur père est vivant, ils se lancent à sa recherche. Franchissant les rapides, escaladant les montagnes, ils progressent, conscients que chaque minute compte. En chemin, ils délivrent un ourson polaire dont la mère a été tuée par un braconnier.

Casper
Lisa Rojany

Casper, gentil petit fantôme de dix ans et ses trois oncles, Crado, Bouffi et Teigneux, hantent les murs de Whipstaff depuis des années. Mais l'avidité des nouveaux propriétaires, prêts à démolir le manoir pour trouver son trésor, rend l'avenir bien sombre. En la personne du docteur Harvey, psychanalyste pour fantômes, et surtout de sa fille Kat, Casper va trouver des alliés inespérés qui vont lui permettre de sauver la situation.

Jumanji, l'aventure
XXX

Bienvenue dans le monde de Jumanji! A priori, ce n'est qu'un simple jeu de société. En fait, c'est un piège. Une porte sur un monde hostile mais fascinant, une jungle peuplée d'animaux sauvages et terrifiants. Chaque lancer de dés fait un peu plus basculer la réalité. Inexorablement. Et celui qui entame une partie est condamné à aller jusqu'au bout.

L'envolée sauvage
XXX

À la mort de sa mère, Amy, treize ans, vient vivre au Canada chez son père, un ingénieur-bricoleur un peu fou. Elle se sent très seule, jusqu'au jour où elle prend sous sa protection seize petites oies sauvages. Mais l'hiver approche : les oies doivent migrer vers les pays chauds. Amy et son père décident de les y aider et construisent de drôles de machines volantes pour les accompagner.

Men in Black
XXX

Kay et Jay sont les flics d'élite d'une organisation gouvernementale ultra-secrète, les Men in Black (Les Hommes en Noir), chargés de surveiller les activités des extraterrestres vivant incognito sur notre planète. Bientôt, ils découvrent le complot dément d'un terroriste insectoïde. S'ils veulent éviter un conflit intergalactique et empêcher la destruction de la Terre, il leur faut le retrouver d'urgence.

Achevé d'imprimer en octobre 1997
par Maury-Eurolivres S.A.
45300 Manchecourt

POCKET - 12, avenue d'Italie - 75627 PARIS CEDEX 13
Tél. : 01-44-16-05-00

Imprimé en France
Dépôt légal : octobre 1997
N° d'impression : 38702